Compagnie Franco-Espagnole

DU

CHEMIN DE FER DE TANGER A FEZ

CONVENTION

PARIS.

IMPRIMERIE HEMMERLÉ ET Cie

RUE DE DAMIETTE, 2, 4 ET 4 BIS

—

1914

Compagnie Franco-Espagnole

DU

CHEMIN DE FER DE TANGER A FEZ

CONVENTION

PARIS

IMPRIMERIE HEMMERLÉ ET Cie

RUE DE DAMIETTE, 2, 4 ET 4 BIS

—

1914

Compagnie Franco-Espagnole

CHEMIN DE FER DE TANGER A FEZ

CONVENTION

L'an mil neuf cent quatorze et le   1914,

Entre les soussignés :

Le Général LYAUTEY, Commissaire Résident général de la République française dans la zone d'influence française du Maroc, agissant tant au nom de S. M. le Sultan du Maroc, en vertu d'un décret chérifien en date du   , qu'au nom du Gouvernement de la République française, sous réserve de l'approbation des présentes par une loi française,

Le Général MARINA, Commissaire Résident général de S. M. le Roi d'Espagne dans la zone d'influence espagnole du Maroc, agissant tant au nom du Khalifa de S. M. le Sultan du Maroc, en vertu d'un décret de ce Khalifa en date du   , qu'au nom du Gouvernement de S. M. le Roi d'Espagne, sous réserve de l'approbation des présentes par une loi espagnole,

4

Et   Grand Vizir de S. M. le Sultan du Maroc,
agissant au nom de ce dernier en vertu du dernier paragraphe de l'article 2 du Protocole franco-espagnol du
27 Novembre 1912 concernant le chemin de fer de Tanger
à Fez et d'un décret chérifien en date du   ,
sous réserve de l'approbation des présentes par une loi
française et par une loi espagnole,

D'une part;

Et : 1° la Société anonyme établie à Paris sous la
dénomination de « Compagnie générale du Maroc »,
représentée par M. Griolet, Président de son Conseil d'administration, élisant domicile au siège de ladite Société,
avenue de l'Opéra, n° 41, à Paris, agissant en vertu des
pouvoirs qui lui ont été conférés par délibération dudit
Conseil d'administration en date du 14 février 1914 et
sous réserve de l'approbation des présentes par l'Assemblée générale des actionnaires dans le délai de trois mois,
au plus tard, après l'approbation des présentes par une
loi française et une loi espagnole,

2° la Société anonyme établie à Madrid sous la dénomination de « Compagnie générale espagnole d'Afrique »,
représentée par M. Rafael Angulo, délégué de la Commission des Associés fondateurs de ladite Compagnie,
élisant domicile à son siège, à Madrid, agissant en
vertu des pouvoirs qui lui ont été conférés par délibération de ladite Commission en date du 20 Février 1914
et sous réserve de l'approbation des présentes par
l'Assemblée générale des actionnaires dans le délai
de trois mois, au plus tard, après l'approbation
des présentes par une loi espagnole et une loi
française,

les deux susdites Sociétés désignées par leurs Gouvernements respectifs par application de l'article 4,

paragraphe 3, du Protocole franco-espagnol du 27 Novembre 1912 concernant le chemin de fer de Tanger à Fez,

D'autre part;

Il a été dit et convenu ce qui suit :

ARTICLE PREMIER.

S. M. le Sultan du Maroc, pour ce qui concerne les zones d'influence française et tangéroise, et son khalifa dans la zone espagnole, pour ce qui concerne cette dernière zone, concèdent aux susdites Sociétés, qui acceptent conjointement et solidairement, un chemin de fer qui, partant de Tanger, traversera la zone d'influence espagnole, dont il recoupera la frontière Nord aux environs de Dxar Xuanta et la frontière Sud au voisinage de l'Oued Berd, puis pénétrera dans la zone d'influence française pour aboutir à Fez, étant entendu que la concession de la section de ce chemin de fer comprise dans la zone française est prononcée sous l'autorité et avec la garantie de la France, celle de sa section comprise dans la zone espagnole sous l'autorité et avec la garantie de l'Espagne, et celle de sa section comprise entre Tanger et la limite Nord de la zone espagnole sous la garantie commune des Gouvernements français et espagnol, à qui sera substituée, le moment venu, dans tous les droits et obligations résultant de la présente Convention, l'Autorité tangéroise qualifiée à cet effet.

Ladite concession est accordée aux conditions stipulées dans la présente Convention et dans le Cahier des charges y-annexé, qui en fait partie intégrante.

Les Sociétés concessionnaires sont chargées, à la fois, des études définitives, de la construction et de l'exploitation de la ligne.

En outre, S. M. le Sultan du Maroc concède pour la même durée — stipulée à l'article 35 du Cahier des charges — aux susdites Sociétés, qui acceptent conjointement et solidairement, les voies de quai destinées à desservir le port de Tanger. Ces voies de quai seront exploitées à l'aide soit de locomotives, soit de chevaux, au gré desdites Sociétés, pour le transport des marchandises par wagon complet en provenance ou à destination de la ligne de Tanger à Fez, après ou avant leur transport par le chemin de fer.

Les conditions de cette dernière concession, notamment le tracé des voies de quai, seront déterminées ultérieurement par les Autorités zonières française et espagnole conjointement, les susdites Sociétés entendues.

Art. 2.

Les Sociétés concessionnaires s'engagent à constituer, sous le régime de la loi française, dans les conditions déterminées à l'article 6 ci-après et dans le délai de trois mois à compter de l'approbation de la présente Convention par les Pouvoirs publics de France et d'Espagne, une Société anonyme au capital de quinze millions de francs (15.000.000 fr.), dénommée : « Compagnie franco-« espagnole du chemin de fer de Tanger à Fez », qui leur sera substituée dans tous les droits et obligations résultant de la présente Convention. Cette Compagnie aura son siège social à Meknès.

La part du capital-actions qu'aura souscrite et réalisée — comme il sera dit à l'article 4 ci-après — la Société française visée dans le préambule de la présente Convention, comme aussi, le cas échéant, une moitié de la part du capital-actions qui — par application du paragraphe 3 du même article — aura été constituée par des capitaux de nationalité étrangère, ne pourra être employée en travaux de Premier établissement et Travaux complémentaires que sur la section française de la ligne.

Les quatre cinquièmes au moins de cette part, et, le cas échéant, de cette demi-part, y seront obligatoirement employés en travaux de Premier établissement.

La part du capital-actions qu'aura souscrite et réalisée — comme il sera dit à l'article 4 ci-après — la Société espagnole visée dans le préambule de la présente Convention, comme aussi, le cas échéant, une moitié de la part dudit capital-actions qui — par application du paragraphe 3 du même article — aura été constituée par des capitaux de nationalité étrangère, ne pourra être employée en travaux de Premier établissement et Travaux complémentaires que sur la section espagnole de la ligne.

Les quatre cinquièmes au moins de cette part, et, le cas échéant, de cette demi-part, y seront obligatoirement employés en travaux de Premier établissement.

Le surplus dudit capital-actions pourra être réservé soit pour parer aux insuffisances d'exploitation ou à toute autre dépense à la charge de la Compagnie qui ne serait pas susceptible d'être couverte au moyen d'obligations, soit pour être affecté, d'accord avec les Autorités zonières intéressées, à l'exécution des Travaux complémentaires dont il sera parlé à l'article 15 ci-après.

8

Art. 3.

Il est entendu que, comme le stipule l'article 3 du Protocole susvisé du 27 Novembre 1912 :

la susdite Compagnie ne pourra être concessionnaire d'aucune autre ligne, soit complètement indépendante de la précédente, soit se reliant à celle-ci, autre que le réseau des voies de quai du port de Tanger visées à l'article 1er ci-dessus;

par contre, elle ne pourra se refuser à laisser pénétrer dans ses gares les lignes dont l'établissement viendrait à être décidé par les Gouvernements français et espagnol dans leurs zones respectives, ni à assurer dans lesdites gares le service commun, que ces lignes soient construites et exploitées directement par les Autorités zonières ou concédées à d'autres Compagnies;

elle aura les mêmes obligations en ce qui concerne les embranchements particuliers autorisés par la France ou l'Espagne au profit soit de leurs nationaux, soit d'étrangers, en conformité des Conventions ou Traités internationaux en vigueur;

en pareil cas, resteront à la charge des États, Compagnies ou particuliers intéressés les dépenses des installations nouvelles ainsi rendues nécessaires de leur fait et les frais supplémentaires d'exploitation auxquels leurs embranchements donneront lieu.

Art. 4.

Lors de la formation du capital, tant actions qu'obligations, de la susdite Compagnie, il sera, comme il est dit à l'article 4 du Protocole susvisé du 27 Novembre 1912, réservé un droit de souscription de soixante pour cent (60 %) à la Société française et de quarante pour cent (40 %) à la Société espagnole visées dans le préambule de la présente Convention.

Si la Société de l'un des deux pays ne croyait pas devoir réaliser tout entière la part de capital à lui réservée, la Société de l'autre pays se substituerait à elle, de plein droit, pour la parfaire.

Toutefois, les Gouvernements français et espagnol se réservent la faculté de faire, d'un commun accord, s'il y avait lieu, une part aux capitaux de nationalité étrangère, étant d'ores et déjà spécifié que cette part ne pourra, en aucun cas, excéder huit pour cent (8 %) du capital-actions et qu'elle sera prélevée par moitié sur chacune de celles de 60 % et de 40 % ci-dessus mentionnées.

Art. 5.

Le Conseil d'administration de la Compagnie concessionnaire sera composé de quinze membres, dont neuf Français et six Espagnols.

Ces membres seront nommés comme il sera dit à l'article 6 ci-après.

A ces quinze membres devra, si les Gouvernements français et espagnol le requièrent d'un commun accord après la constitution de la Compagnie, en être adjoint un seizième, d'une tierce nationalité, lequel serait nommé, sur la désignation desdits Gouvernements, par l'Assemblée générale des actionnaires.

Les décisions du Conseil d'administration ne pourront être prises qu'à une majorité représentant au moins les deux tiers des votes exprimés en ce qui concerne les questions intéressant exclusivement soit la section française, soit la section espagnole; elles le seront à la majorité simple pour toutes les autres questions.

La Compagnie aura un Directeur général français et un Directeur-adjoint espagnol, ce dernier étant, pour l'ensemble du service, le collaborateur immédiat du Directeur général, qu'il remplacera en cas d'absence. Le haut personnel, tant de la construction que de l'exploitation, devra être pour 60 % français et pour 40 % espagnol; il en sera de même du personnel de tout ordre de l'administration centrale. La nomination du Directeur général et du haut personnel français sera soumise à l'agrément de la France, celle du Directeur-adjoint et du haut personnel espagnol à l'agrément de l'Espagne.

En dehors du Directeur général, du Directeur-adjoint et du haut personnel visé ci-dessus, les agents employés aux études et à la construction devront être, autant que possible, français dans la zone française et espagnols dans la zone espagnole.

Quant aux agents de l'exploitation, ils devront être exclusivement français sur la section française, exclusivement espagnols sur la section espagnole, pour moitié français et pour moitié espagnols sur la section tangéroise. Toutefois, sur cette dernière section, et notamment aux gares maritime et terrestre de Tanger, un certain nombre d'emplois pourront, d'accord entre les deux Gouvernements, être confiés à des agents d'une tierce nationalité, la répartition par moitié entre la France et l'Espagne s'opérant, alors, sur les emplois restants.

Par la qualification de Français ou d'Espagnol employée ci-dessus dans le présent article, on entend les ressortissants respectifs des deux États : citoyens, sujets, naturalisés ou protégés.

Art. 6.

Les statuts de la Compagnie seront approuvés par le Gouvernement français après accord avec le Gouvernement espagnol. Il y sera dit obligatoirement :

1° que la Compagnie sera de nationalité marocaine ; qu'elle sera assujettie, sauf les dérogations résultant de la présente Convention, aux dispositions des lois françaises des 24 Juillet 1867, 1er Août 1893, 16 Août 1903 et 22 Novembre 1913, ainsi qu'aux dispositions des lois qui viendrait à modifier les quatre lois susdites ; qu'elle aura son siège social à Meknès, son administration centrale à Paris et un représentant attitré à Madrid ; que son Conseil d'administration fixera le lieu de ses réunions ; que les Assemblées générales de ses actionnaires se tiendront alternativement en France et en Espagne ;

2° que, sur les affiches indiquant les tarifs et horaires, sur celles annonçant les émissions et, enfin, sur ses titres, tant actions qu'obligations, la Compagnie fera figurer sa dénomination sociale dans les deux langues française et espagnole et inscrira, en conséquence : « Compagnie « franco-espagnole du chemin de fer de Tanger à Fez » et « Compañia franco-española del ferrocarril de Tanger « à Fez » ;

3° que ses actions seront établies les unes en français, les autres en espagnol, suivant les proportions résultant de l'article 4 du Protocole susvisé du 27 Novembre 1912, la part faite aux capitaux de nationalité étrangère étant représentée pour moitié par des titres français et pour moitié par des titres espagnols ; que les actions françaises ne pourront être introduites que sur le marché public français et les actions espagnoles que sur le marché public espagnol ;

4° que les obligations seront établies dans la langue de l'Etat garant ;

5° quels seront les quinze membres du premier Conseil d'administration à désigner, savoir :

les neuf Français, par la « Compagnie générale du « Maroc »,

et les six Espagnols, par la « Compagnie générale « espagnole d'Afrique » ;

6° que, chaque fois qu'il y aura lieu de pourvoir au remplacement d'un ou plusieurs administrateurs français ou espagnols :

a) le successeur de chacun d'eux devra, à peine de nullité de son élection, appartenir à la même nationalité que son prédécesseur,

b) les présentations seront faites par le groupe des administrateurs français et l'élection par les porteurs d'actions françaises, s'il s'agit de remplacer un ou plusieurs administrateurs français, tandis que, s'il s'agit de remplacer un ou plusieurs administrateurs espagnols, les présentations seront faites par le groupe des administrateurs espagnols et l'élection par les porteurs d'actions espagnoles ; étant, de plus, entendu que dans le premier cas les porteurs d'actions françaises et dans le second les porteurs d'actions espagnoles devront, s'ils rejettent les présentations qui leur sont faites, réclamer, au moins une fois, de nouvelles présentations au groupe des administrateurs de leur nationalité ;

7° que si, après la constitution de la Compagnie, les

Gouvernements français et espagnol, usant du droit que leur réserve l'article 5 de la Convention de concession, venaient à requérir l'adjonction, aux quinze membres français et espagnols du Conseil d'administration, d'un seizième d'une tierce nationalité, celui-ci, puis ses successeurs, seraient nommés, sur la désignation desdits Gouvernements, par l'Assemblée générale des actionnaires,

8° que les décisions du Conseil d'administration ne pourront être prises qu'à une majorité représentant au moins les deux tiers des votes exprimés en ce qui concerne les questions intéressant exclusivement soit la section française, soit la section espagnole, et qu'elles le seront à la majorité simple pour toutes les autres questions.

Toute modification aux statuts qui dérogerait à quelqu'une des stipulations obligatoires ci-dessus énoncées devrait être soumises au Gouvernement français et approuvée par lui après accord avec le Gouvernement espagnol.

Art. 7.

Avant chaque émission d'obligations, la Compagnie devra soumettre à l'approbation du Gouvernement garant le taux minimum et les conditions de cette émission.

Art. 8.

Toute cession totale ou partielle de la concession, tout affermage de l'exploitation, toute constitution d'hypothèque sur une partie quelconque de ligne, seraient nuls et non avenus s'ils n'étaient autorisés par les Gouvernements français et espagnol et l'Autorité tangéroise qualifiée à cet effet, agissant conjointement, ou, si l'on se trouve dans le cas prévu au dernier paragraphe de l'article 2 du Protocole susvisé du 27 Novembre 1912, d'accord entre les Gouvernements français et espagnol.

Art. 9.

Les études de la ligne — préalablement divisée en lots d'une longueur de 20 à 30 kilomètres, lots dont aucun ne devra chevaucher les limites de la zone d'influence espagnole — seront entreprises simultanément par l'extrémité Tanger et l'extrémité Fez et poussées, des deux côtés, avec toute l'activité possible.

Les projets des divers lots d'infrastructure seront présentés par la Compagnie au fur et à mesure de leur achèvement.

Les dates extrêmes de ces présentations successives seront fixées, la Compagnie entendue :

pour la section française, par l'Autorité zonière française ;

pour la section espagnole, par l'Autorité zonière espagnole;

et pour la section tangéroise, par l'Autorité tangéroise qualifiée à cet effet, ou, si l'on se trouve dans le cas prévu au dernier paragraphe de l'article 2 du Protocole susvisé du 27 Novembre 1912, d'accord entre les Autorités zonières française et espagnole.

Chaque fois que, pour la présentation du projet d'un lot autre que le dernier, la Compagnie devancera le terme fixé, elle aura droit à une prime de cent francs (100 fr.) par jour d'avance ; chaque fois qu'elle le dépassera, elle subira — sauf le cas de force majeure, dont il lui incomberait de faire la preuve — une retenue d'égale somme par jour de retard.

Pour le projet du dernier lot, la prime ou la retenue sera de deux cents francs (200 fr.).

Art. 10.

Les projets visés à l'article 9 ci-dessus seront — à l'exception de ceux définis dans le paragraphe final du présent article — approuvés :

pour la section française, par l'Autorité zonière française,

pour la section espagnole, par l'Autorité zonière espagnole ;

et pour la section tangéroise, par l'Autorité tangéroise qualifiée à cet effet, ou, si l'on se trouve dans le cas prévu au dernier paragraphe de l'article 2 du Protocole susvisé du 27 Novembre 1912, d'accord entre les Autorités zonières française et espagnole.

Il est entendu, toutefois :

qu'au préalable, les projets de la section française seront communiqués à l'Autorité zonière espagnole et ceux de la section espagnole à l'Autorité zonière française, chacune de ces deux Autorités tenant tel compte qu'elle jugera convenable des observations présentées par l'autre, et l'absence de réponse, dans un délai de quinze jours à partir de la réception de la communication ainsi faite, étant tenue pour une acceptation pure et simple des projets présentés ;

et que, quant aux projets de la section tangéroise :

si l'Autorité tangéroise qualifiée à cet effet est définitivement constituée au moment de leur présentation, ils seront communiqués à la fois à l'Autorité zonière française et à l'Autorité zonière espagnole, et ne pourront être approuvés qu'après avis conforme de ces dernières, l'absence de toute protestation dans un délai de quinze jours équivalant d'ailleurs, ici encore, à une acceptation pure et simple des projets présentés ;

et si, au contraire, au moment de leur présentation, l'on se trouve dans le cas prévu au dernier paragraphe de l'article 2 du Protocole susvisé du 27 Novembre 1912, ils seront approuvés d'accord entre les Autorités zonières française et espagnole.

Chacune de ces deux Autorités, comme aussi, le cas échéant, l'Autorité tangéroise qualifiée à cet effet, s'engage à statuer dans un délai maximum de deux mois, à compter du jour de sa présentation, sur chaque projet à elle soumis, soit en l'approuvant, soit en y prescrivant les modifications et remaniements qu'elle jugera utiles. Elle fixerait, dans ce dernier cas, la date extrême à laquelle devrait lui être présenté à nouveau le projet modifié et remanié — étant entendu que le devancement ou le dépassement de cette date entraînerait une nouvelle application de la clause relative aux primes et retenues qui figure à l'article 9 ci-dessus — et statuerait au sujet dudit projet dans le délai maximum d'un mois après cette présentation nouvelle.

Chacun des projets susvisés fera, aussitôt définitivement approuvé, l'objet d'une adjudication, pour laquelle devront être observées les règles inscrites dans les Conventions et Traités internationaux.

La superstructure, le matériel fixe et le matériel roulant feront, pour chaque zone, l'objet de projets distincts approuvés par l'Autorité zonière intéressée et adjugés dans les mêmes formes que les projets d'infrastructure susvisés; étant entendu, toutefois, que le matériel tant fixe que roulant devra être de types tels qu'ils permettent, dans les trois zones, la circulation de trains de même tonnage, avec la même vitesse.

Les projets relatifs soit aux gares maritime et terrestre de Tanger, soit à l'édification et à l'outillage des ateliers de fabrication et de réparation du matériel roulant, devront être approuvés par les trois Autorités zonières conjointement, ou si, lors de leur présentation, l'on se trouve dans le cas prévu au dernier paragraphe de l'article 2 du Protocole susvisé du 27 Novembre 1912, par celles des zones française et espagnole conjointement. Les adjudications en seront poursuivies et approuvées par lesdites trois ou deux Autorités zonières dans les formes ci-dessus rappelées.

Art. 11.

Pour chacun des lots visés à l'article 9 ci-dessus, après l'approbation du projet d'exécution, sera fixé, d'accord entre la ou les Autorités zonières qui auront donné cette approbation et la Compagnie, le montant maximum de la dépense, qui, du fait de l'exécution des travaux de ce lot, pourra figurer dans le compte général de Premier établissement dont il sera parlé à l'article 13 ci-après. Ce maximum ne pourra être dépassé qu'en raison soit de circonstances de force majeure, soit de l'insuccès des adjudications, soit d'augmentations justifiées par le caractère aléatoire de certaines estimations, telles que : acquisitions de terrains, percements de souterrains, épuisements exceptionnels, consolidation et assainissement des tranchées et remblais, etc.

Art. 12.

La Compagnie devra procéder, avant la clôture du compte de Premier établissement de la ligne, à l'aliénation de toutes les propriétés immobilières par elle acquises qui n'auront pas été affectées au service du chemin de fer.

Le produit des aliénations sera porté, au fur et à mesure qu'elles auront été opérées, à un compte spécial qui restera ouvert jusqu'à la clôture du compte général de Premier établissement dans chaque zone et dont le montant viendra en déduction de ce dernier compte.

Pour celles de ces propriétés dont l'aliénation n'aurait pas eu lieu avant la clôture, stipulée à l'article 14 ci-après, du compte général de Premier établissement, ce serait leur coût d'acquisition que l'on déduirait dudit compte général.

Quant aux propriétés immobilières qui, ayant été remises à la Compagnie par l'une des Autorités zonières en vue de l'établissement de la ligne, auraient été déclarées inutiles au service du chemin de fer, elles devraient, aussitôt cette non-affectation décidée, être restituées à ladite Autorité.

Art. 13.

Le compte général de Premier établissement de la ligne de Tanger à Fez comprendra :

toutes les sommes, y compris les frais du personnel résidant au Maroc, que la Compagnie justifiera avoir dépensées, dans un but d'utilité, jusqu'au 1ᵉʳ Janvier qui aura suivi l'ouverture de la ligne entière à l'exploitation :

a) pour les études et la construction de la ligne et de ses dépendances, ainsi que pour les taxes et impôts de toute nature et pour les honoraires que comporterait la constitution juridique de la Société ;

b) pour l'acquisition du matériel roulant, ainsi que du mobilier et de l'outillage des gares ;

c) pour l'édification et l'outillage des ateliers de fabrication et de réparation du matériel roulant ;

d) pour l'entretien et l'exploitation des tronçons de la ligne successivement mis en service ;

e) pour l'achat des approvisionnements destinés à l'exploitation dans la limite d'un maximum de cinq mille francs (5.000 fr.) par kilomètre ;

f) pour la constitution d'un fonds de roulement de trois millions de francs (3.000.000 frs) dont le fonctionnement sera défini à l'article 18 ci-après ;

g) pour le paiement, jusqu'au même 1ᵉʳ Janvier :

1° des intérêts de la partie du capital-actions employée en travaux de Premier établissement de la ligne, calculés à cinq pour cent (5 %) l'an à partir du versement de ladite partie dudit capital ;

2° des intérêts des obligations émises tant pour faire face, après emploi de ladite partie du capital-actions, aux dépenses incombant, de par le présent article, à la Compagnie, que pour constituer, à la date du 1ᵉʳ Janvier susindiqué, le fonds de roulement ci-dessus mentionné sous la lettre *f*) ;

3° des frais de service et de timbre pour les titres des deux catégories.

h) dans la limite d'un maximum de trois cent cinquante mille francs (350.000 frs) par an, les dépenses de toute nature non comprises dans l'énumération ci-dessus, effectuées dans un but d'utilité, et notamment les frais généraux, frais d'administration, frais d'administration centrale à Paris, frais afférents à la représentation de la Compagnie à Madrid, pour leur part correspondante aux dépenses des diverses catégories ci-dessus;

i) le montant des primes dues à la Compagnie, en vertu de l'article 9 ci-inclus, pour avance dans la présentation des projets:

Le compte de Premier établissement comprendra, en outre, les dépenses postérieures au 1er Janvier qui aura suivi l'ouverture de la ligne entière à l'exploitation énumérées ci-après;

j) les trois cinquièmes de la dépense d'entretien de la voie et des terrassements pendant une année, à compter du même 1er Janvier, pour les tronçons de la ligne qui n'auraient été mis en service que dans le cours de l'année précédente;

k) pendant une période de cinq ans à compter du même 1er Janvier, les dépenses faites dans chaque zone, après approbation de l'Autorité zonière intéressée, pour compléter la construction, le matériel fixe et roulant et l'outillage de la ligne, ainsi que celles qui seraient faites — après approbation des trois Autorités zonières conjointement, ou si, lors de la présentation des projets, l'on se trouve dans le cas prévu au dernier paragraphe de l'article 2 du Protocole susvisé du 27 Novembre 1912, par celles des zones française et espagnole conjointement — pour développer les ateliers de fabrication et de réparation de ce matériel, pour renforcer leur outillage et pour compléter les installations des gares terrestre et maritime de Tanger.

Aux dépenses énumérées sous les lettres *j)* et *k)* sera ajoutée la part afférente à ces dépenses des sommes réellement dépensées dans un but d'utilité, en frais généraux, frais d'administration, frais d'administration centrale à Paris, frais afférents à la représentation de la Compagnie à Madrid, et intérêts des capitaux exposés par la Compagnie pendant la période comprise entre le moment de l'exécution des travaux ou de l'acquisition des fournitures et celui où lesdits travaux ou fournitures seront portés en compte.

Seront déduits du compte de Premier établissement :

l) les produits bruts de toute nature afférents aux tronçons de la ligne successivement mis en service et réalisés jusqu'au 1er Janvier qui aura suivi la mise en service de la ligne entière ;

m) le produit de l'aliénation, prescrite à l'article 12 ci-dessus, des propriétés immobilières désignées audit article ;

n) le produit des capitaux approvisionnés jusqu'au moment de leur emploi soit en travaux et en acquisitions, soit à la constitution du fonds de roulement à la date plus haut indiquée.

o) le montant des retenues infligées à la Compagnie, en vertu de l'article 9 ci-dessus, pour retard dans la présentation des projets.

Art. 14.

Le compte général de Premier établissement sera dressé au 1er Janvier qui aura suivi l'ouverture de la ligne entière à l'exploitation. Il sera revisé à la fin de chacune des cinq années suivantes, de manière à tenir compte des dépenses et recettes visées à l'article 13 ci-dessus, et clos définitivement à l'expiration de la cinquième année.

Art. 15.

Après la clôture du compte général de Premier établissement, les dépenses faites dans un but d'utilité et
dûment autorisées, qui auront eu pour objet l'améliora-
tion de la ligne et l'extension de ses installations, de son
outillage et de son matériel roulant, et qui, par suite,
n'auront pu rentrer dans les dépenses d'exploitation,
seront portées à un compte général annuel des Travaux
complémentaires de premier établissement. Toutefois, en
ce qui concerne ceux desdits Travaux complémentaires qui
auront pour but le remplacement d'ouvrages anciens par
des ouvrages nouveaux, il ne pourra être porté à ce
compte que. les plus-values ou moins-values des installations nouvelles sur les installations qu'elles auront
remplacées, le coût primitif de l'ouvrage supprimé devant
être imputé au compte d'Exploitation.

Celles de ces dépenses qui auront pour objet l'extension soit des ateliers de construction et de réparation du
matériel roulant, soit des gares terrestre et maritime de
Tanger, soit. enfin, de l'outillage desdits ateliers et
gares, devront être autorisées par les trois Autorités
zonières conjointement, ou, si l'on se trouve dans
le cas prévu au dernier paragraphe de l'article 2 du Protocole susvisé du 27 Novembre 1912, par celles des zones
française et espagnole conjointement.

Toutes les autres dépenses n'auront à être autorisées
que par l'Autorité zonière de la situation des lieux.

Les dépenses réelles, dûment justifiées, seront accrues
de la part y-afférente des sommes réellement dépensées,
dans un but d'utilité, en frais généraux, frais d'administration, frais d'administration centrale à Paris, frais

afférents à la représentation de la Compagnie à Madrid et intérêts des capitaux exposés par elle pendant la période comprise entre le moment de l'exécution des travaux ou de l'acquisition des fournitures et celui où lesdits travaux ou fournitures seront portés en compte.

Art. 16.

Au compte général annuel des recettes et des dépenses de l'Exploitation figureront :

D'une part :

a) les recettes brutes de toute nature réalisées sur la ligne au cours de l'année considérée, et comprenant, notamment, outre le produit des transports par voie ferrée, les produits éventuels des services de correspondance par voie de terre ou de mer dûment autorisés, et des services de factage et camionnage ;

b) les produits, jusqu'au jour de leur aliénation ou de leur restitution à l'Autorité zonière, des immeubles visés à l'article 12 ci-dessus ;

c) les intérêts produits par les fonds disponibles de l'Exploitation, y compris le fonds de réserve et le fonds de roulement prévus aux articles 13 ci-dessus 18 et 27 ci-après ;

Et, d'autre part :

d) les dépenses d'entretien et d'exploitation, y compris les frais du personnel résidant au Maroc, que la Compagnie justifiera avoir faites sur la ligne dans un but d'utilité, pendant l'année considérée, pour les réparations ordinaires et pour les répartitions extraordinaires non imputées au fonds de réserve, pour l'exploitation et l'administration du chemin de fer et de ses dépendances.

à l'exclusion des dépenses à porter aux comptes de Premier établissement ou des Travaux complémentaires, lesdites dépenses comprenant, notamment ;

e) les charges éventuelles des services de correspondance par voie de terre ou de mer dûment autorisés et des services de factage et camionnage ;

f) les frais d'entretien et de réparation, jusqu'au jour de leur aliénation ou de leur restitution à l'Autorité zonière, des propriétés immobilières visées à l'article 12 ci-dessus ;

g) les impôts de toute nature autres que ceux à recouvrer sur des tiers :

h) les patentes, frais de contrôle, assurances, indemnités pour pertes, avaries, retards, incendies, accidents, allocations de la Compagnie pour les caisses de retraite, de secours ou de prévoyance de son personnel ;

i) les sommes réellement dépensées, dans un but d'utilité, en frais généraux, frais d'administration, frais d'administration centrale à Paris, frais afférents à la représentation de la Compagnie à Madrid, déduction faite de la partie de ces sommes déjà portée aux comptes de Premier établissement et de Travaux complémentaires en vertu des articles 13 et 15 ci-dessus.

Art. 17.

Chacune des trois sections française, espagnole et tangéroise de la ligne donnera lieu à des comptes annuels distincts en ce qui concerne :

1° le Premier établissement,
2° les Travaux complémentaires,
3° l'Exploitation.

Ces comptes annuels résulteront, respectivement, de la ventilation, effectuée comme il va être dit, entre les trois susdites sections, du compte général de Premier établissement, du compte général des Travaux complémentaires et du compte général des dépenses et des recettes de l'Exploitation, définis aux articles 13, 15 et 16 ci-dessus.

Pour chacune des susdites sections, les comptes annuels de Premier établissement et des Travaux complémentaires comprendront :

a) intégralement, les dépenses localisées afférentes à la section et les recettes localisées afférentes à la même section, exception étant faite, toutefois, pour les dépenses et recettes localisées relatives aux gares maritime et terrestre de Tanger ;

et *b*) pour une part proportionnelle au parcours kilométrique des trains dans la section, les dépenses relatives au matériel roulant, aux ateliers de fabrication et de réparation de ce matériel et à leur outillage, les autres dépenses non localisées et celles localisées relatives auxdites gares de Tanger, ainsi que le produit des capitaux approvisionnés en vue de l'établissement et de la mise en service de la ligne jusqu'au moment de leur emploi en travaux ou en acquisitions ; le tout majoré, pour les travaux de Premier établissement de la part leur revenant des dépenses énumérées sous la lettre *h*) de l'article 13, et, pour les Travaux complémentaires, des dépenses énumérées au dernier paragraphe de l'article 15 ci-dessus et diminué de la part afférente aux mêmes objets dans les intérêts des fonds disponibles.

Le compte annuel des recettes et des dépenses de l'Exploitation de chaque section comprendra, savoir :

En recette :

c) pour leur part afférente aux parcours effectués dans la section considérée, les taxes de transport perçues sur l'une quelconque des trois sections française, espagnole, ou tangéroise de la ligne ;

d) pour une part proportionnelle au parcours kilométrique des trains dans la section, les produits éventuels des services de correspondance par voie de terre ou de mer des gares maritime et terrestre de Tanger et des services de factage et camionnage de ces mêmes gares;

e) intégralement toutes les autres recettes de l'exploitation effectuées sur la section considérée, notamment celles des services de correspondance par voie de terre et des services de factage et camionnage des gares autres que celles de Tanger;

Et en dépense :

f) les sommes dépensées dans la section, tant pour l'entretien de la voie et des bâtiments que pour le service des gares autres que celles de Tanger et pour le fonctionnement des services de factage et camionnage et de correspondance par voie de terre organisés dans ces mêmes gares,

g) une part, proportionnelle au parcours kilométrique des trains dans la section, de toutes les autres dépenses d'exploitation.

Les susdits comptes partiels seront, pour chaque zone, communiqués, en même temps que les trois comptes généraux visés aux articles 13, 15 et 16 ci-dessus, à l'Autorité zonière intéressée; la vérification en sera opérée par les services chargés, dans la zone, du contrôle de la construction et de l'exploitation en vertu des articles 19 et 21 ci-après; l'homologation n'en sera, toutefois, prononcée qu'après qu'ils auront été communiqués aux

services des autres sections, lesquelles auront un délai d'un
d'un mois, à compter de la réception de la communication,
pour présenter, à leur sujet, telles observations qu'ils
jugeraient utiles.

En cas de contestation relative à ces comptes, il sera
procédé conformément à l'article 66 du Cahier des
charges.

Art. 18.

Le fonds de roulement de trois millions visé à l'articles 13 ci-dessus sera réparti entre les trois sections
de la ligne à raison de, savoir :

pour la section française, un million neuf cent cinquante mille francs (1.950.000 frs);

pour la section espagnole, neuf cent mille francs
(900.000 frs);

et pour la section tangéroise, cent cinquante mille francs
(150.000 frs).

Lorsqu'il aura été constaté, pour telle ou telle des
trois sections, que les ressources disponibles provenant
de l'exploitation suffisent pour assurer, en totalité ou
partiellement, le service de trésorerie auquel doit sub-
venir le fonds de roulement afférent à ladite section, la
partie disponible de ce fonds y sera affectée aux premiers
Travaux complémentaires ultérieurs ; dans ce cas,
ces Travaux ne donneront lieu, jusqu'à concurrence des
sommes ainsi couvertes, à aucune émission d'obligations
entraînant augmentation de la subvention de l'Autorité
zonière.

A défaut d'accord pour l'application du précédent paragraphe, il sera procédé comme il est dit à l'article 66 du
Cahier des charges.

A l'expiration de la concession, comme aussi en cas de

rachat ou de déchéance, le fonds de roulement afférent à chacune des zones pour lesquelles la concession prendra fin, diminué des sommes employées en Travaux complémentaires, sera reconstitué par la Compagnie. A défaut par elle d'y pourvoir, il sera reconstitué au moyen de retenues effectuées sur les sommes à elle dues, pour la zone en question, par l'Autorité zonière.

ART. 19.

Le contrôle de la construction sera exercé, la réception des ouvrages prononcée et leur mise en service autorisée :

sur les sections française et espagnole, respectivement par les fonctionnaires de l'État français et de l'État espagnol désignés à cet effet,

et sur la section tangéroise, par le service de la Taxe spéciale, et, au cas où ce dernier viendrait à disparaître, par celui auquel seraient tranférées ses attributions actuelles.

ART. 20.

La Compagnie sera tenue d'ouvrir la ligne à l'exploitation par tronçons compris entre deux stations principales et se succédant sans discontinuité à partir de Tanger, d'Alcazarquivir, ou du point où la ligne traversera le Sebou.

ART. 21.

L'exploitation sera assurée sur la ligne entière en observant les règles établies par les Conventions et Traités internationaux en vigueur.

La police en sera faite, en conformité des lois et règlements de chaque zone, par les Autorités zonières française et espagnole sur leurs sections respectives, et par l'Autorité qualifiée à cet effet sur la section tangéroise.

Le contrôle en sera assuré, sur chaque section, par le même service que celui de la construction, étant entendu que le contrôle tangérois devra, notamment aux gares maritime et terrestre de Tanger, prescrire telles mesures qui seront reconnues utiles à la bonne exploitation de la ligne prise dans son ensemble et veiller à leur exécution.

Art. 22.

Des affiches en français, espagnol et arabe, placées dans les stations, feront connaître au public les heures de départ des trains ordinaires de toute sorte, les stations qu'ils devront desservir, les heures auxquelles ils devront arriver à chacune des stations et en partir.

Quinze jours au moins avant d'être mis à exécution, les horaires seront communiqués en même temps aux trois Autorités zonières — ou, si l'on se trouve dans le cas prévu au dernier paragraphe de l'article 2 du Protocole susvisé du 27 Novembre 1912, aux seules Autorités zonières française et espagnole — qui pourront, agissant de concert, prescrire les modifications nécessaires pour la sûreté de la circulation ou pour les besoins du public.

Art. 23.

L'Autorité zonière française, l'Autorité zonière espagnole et l'Autorité tangéroise qualifiée à cet effet — ou,

si l'on se trouve dans le cas prévu au dernier paragraphe
de l'article 2 du Protocole susvisé du 27 Novembre 1912,
les Autorités zonières française et espagnole, agissant
conjointement au lieu et place de cette dernière —
homologueront respectivement, sur la proposition de
la Compagnie, les tarifs autres que ceux qui figurent
au Cahier des charges annexé à la présente Convention
intéressant exclusivement la section française, la section espagnole ou la section tangéroise. Les tarifs intéressant plusieurs sections de la ligne devront être homo-
logués par chacune des Autorités zonières intéressées,
l'Autorité tangéroise étant, dans le cas ci-dessus envi-
sagé, remplacée par les deux autres agissant conjointement.

Art. 24.

Les Gouvernements français et espagnol s'engagent à
verser annuellement à la Compagnie, à titre de subvention, — chacun pour la part qui va être dite — à partir
du 1er Janvier qui aura suivi l'ouverture de la ligne
entière à l'exploitation et jusqu'à l'expiration de sa
concession, l'intérêt à cinq pour cent (5 %) et l'amortissement correspondant à ce taux et à la durée
de la concession, plus les frais de timbre et les
frais de service des titres, de la partie de son capital-actions qui aura été employée en travaux de
Premier établissement et en Travaux complémentaires,
étant entendu que, de la somme totale à verser annuellement, de ce chef, à la Compagnie, les Gouvernements
français et espagnol fourniront chacun la part afférente
au montant cumulé des dépenses en travaux de Premier

établissement et Travaux complémentaires effectuées dans sa zone sur la part du capital-actions qui y doit être employée aux termes de l'article 2 ci-dessus.

En outre, les deux susdits Gouvernements et l'Autorité tangéroise qualifiée à cet effet s'engagent à verser annuellement à la Compagnie, à titre de subvention, — chacun pour la part qui va être dite — à partir du même 1er Janvier et jusqu'à l'expiration de sa concession, les sommes représentant les charges effectives (intérêts, amortissement, frais de timbre et frais de service des titres) des obligations successivement émises par elle pour parfaire, après emploi de la partie du capital-actions dépensée en travaux de Premier établissement et Travaux complémentaires, le montant cumulé des trois comptes annuels de Premier établissement définis à l'article 17 ci-dessus et à couvrir, après la clôture desdits comptes, le montant cumulé des trois comptes annuels de Travaux complémentaires définis au même article 17 ;

étant entendu :

que chaque obligation sera portée en compte pour son produit net réellement encaissé par la Compagnie, déduction faite des intérêts courus au jour de l'émission et des frais de cette émission ;

et que, de la somme totale à servir annuellement, de ce deuxième chef, à la Compagnie, les Gouvernements français et espagnol fourniront chacun la part afférente aux obligations émises pour parfaire, après emploi de la part du capital-actions affectée à sa zone par l'article 2 ci-dessus, le montant cumulé des comptes annuels de Premier établissement et des Travaux complémentaires afférents à ladite zone, et l'Autorité tangéroise qualifiée à cet effet la part afférente aux obligations émises pour couvrir le montant cumulé des comptes annuels de Premier établissement et de Travaux complémentaires afférents à sa zone.

La Compagnie remettra à chacune des trois Autorités zonières, au cours du premier trimestre de chaque année, le décompte détaillé des sommes à elle dues par cette Autorité pour l'année précédente, en vertu du présent article. Lesdites sommes seront, après due vérification, versées à la Compagnie — sous déduction des deux acomptes qui lui auront été versés, pour la susdite année, en exécution du dernier paragraphe du présent article — dans le délai de trois mois à compter de la présentation dudit décompte, faute de quoi elles porteront, après l'expiration dudit délai, intérêt à son profit, au taux de cinq pour cent (5 %) l'an.

Indépendamment du décompte annuel visé au paragraphe précédent du présent article, la Compagnie remettra à chacune des trois Autorités zonières, dans la première quinzaine du mois de Juillet de l'année considérée et du mois de Janvier suivant, des décomptes provisoires des sommes à elle dues par cette Autorité pour le semestre précédent, en vertu du présent article. Les neuf dixièmes (90 %) du montant du premier de ces décomptes et les huit dixièmes (80 %) du montant du second seront versés à la Compagnie, à titre d'acomptes, dans le mois qui suivra la remise de chacun d'eux à l'Autorité zonière intéressée. Au cas où ces paiements ne seraient pas effectués dans le délai d'un mois, les sommes dues porteraient intérêt, à compter de l'expiration de ce délai, à raison de cinq pour cent (5 %) l'an, au profit de la Compagnie.

Art. 25.

A raison des subventions que, par l'article 24 ci-dessus, les Gouvernements français et espagnol et l'Autorité tangéroise qualifiée à cet effet s'engagent à verser à la Compagnie, celle-ci sera tenue de réserver gratuitement, dans chaque train de voyageurs et de marchandises circulant aux heures ordinaires de l'exploitation, à chacune des Administrations postales française et espagnole sur tout le parcours de ce train, et à l'Administration postale tangéroise seulement sur le parcours dudit train dans la zone tangéroise, un compartiment à deux banquettes d'une voiture de deuxième classe ou un espace équivalent, le surplus de la voiture restant à la disposition de la Compagnie.

L'Administration postale française et l'Administration postale espagnole auront la faculté de substituer au compartiment qui leur serait ainsi réservé une voiture spéciale, dont le transport serait également gratuit. Ces voitures spéciales seraient construites à leurs frais et entretenues de même, sauf en ce qui concerne les châssis et les roues, dont l'entretien serait à la charge de la Compagnie, et seraient d'un poids comparable à celui des véhicules entrant dans la composition des trains.

Les compartiments que les Administrations postales demanderaient à se faire réserver en sus de ceux qui sont mentionnés au premier alinéa du présent article, comme aussi le transport de voitures spéciales autres que celles ci-dessus visées dans le présent article, seraient payés à la Compagnie aux prix stipulés à l'article 54 du Cahier des charges annexé à la présente Convention.

Art. 26.

Les obligations émises :

1° pour parfaire, après emploi de la part du capital-actions dépensée en travaux de Premier établissement et Travaux complémentaires dans la zone française, le montant cumulé des comptes annuels de Premier établissement et des Travaux complémentaires afférents à ladite zone,

2° pour couvrir les trois cinquièmes (60 $^o/_o$) du montant cumulé des comptes annuels de Premier établissement et des Travaux complémentaires afférents à la zone tangéroise,

seront établies en français et garanties par le Gouvernement français.

En vertu de cette garantie, le Gouvernement français s'engage à en assurer le service et l'amortissement au cas où la Compagnie n'y pourvoirait pas, auquel cas il retiendrait sur les sommes par lui dues à cette Compagnie les avances faites de ce chef.

En cas de déchéance ou de rachat, l'État français se substituerait purement et simplement à la Compagnie, assurerait directement le service des obligations et retiendrait sur les sommes par lui dues à cette Compagnie les avances faites de ce chef. L'Autorité tangéroise qualifiée à cet effet s'engage à rembourser audit Gouvernement les sommes par lui avancées pour le service et l'amortissement de celles des susdites obligations dont le produit aura été employé dans la zone tangéroise.

Les obligations émises :

1° pour parfaire, après emploi de la part du capital-actions dépensée en travaux de Premier établissement et Travaux complémentaires dans la zone espagnole, le montant cumulé des comptes annuels de Premier établissement et des Travaux complémentaires afférents à ladite zone,

2° pour couvrir les deux cinquièmes (40 $^o/_o$) du montant

cumulé des comptes annuels de Premier établissement et des Travaux complémentaires afférents à la zone tangéroise,

seront établies en espagnol et garanties par le Gouvernement espagnol.

En vertu de cette garantie, le Gouvernement espagnol s'engage à en assurer le service et l'amortissement au cas où la Compagnie n'y pourvoirait pas, auquel cas il retiendrait sur les sommes par lui dues à cette Compagnie les avances faites de ce chef.

En cas de déchéance ou de rachat, l'État espagnol se subtituerait purement et simplement à la Compagnie, assurerait directement le service des obligations et retiendrait sur les sommes par lui dues à cette Compagnie les avances faites de ce chef. L'Autorité tangéroise qualifiée à cet effet s'engage à rembourser audit Gouvernement les sommes par lui avancées pour le service et l'amortissement de celles des susdites obligations dont le produit aura été employé dans la zone tangéroise.

Art. 27.

Sauf les deux exceptions temporaires prévues à l'article 13 ci-dessus, savoir :

a) versement au compte de Premier établissement des produits de toute nature afférents aux divers tronçons de la ligne successivement mis en service jusqu'au 1ᵉʳ Janvier qui aura suivi l'ouverture à l'exploitation de la ligne entière,

b) imputation sur le même compte des dépenses d'entretien et d'exploitation de ces mêmes tronçons jusqu'au même 1ᵉʳ Janvier, et, en outre, des trois cinquièmes de la dépense d'entretien de la voie et des terrassements pendant l'année qui suivra cette date pour les tronçons de la ligne qui n'auront été mis en service que dans le cours de l'année précédente, toutes les dépenses et charges de l'exploitation seront avancées par la Compagnie, qui en percevra toutes les recettes.

Chaque fois que, pour telle ou telle des trois sections française, espagnole ou tangéroise de la ligne, le compte annuel des recettes et des dépenses de l'Exploitation se solderait par un déficit, l'insuffisance serait inscrite à un compte d'attente spécial à cette section et ne portant pas intérêt. Jusqu'à concurrence de 650.000 francs pour la section française, 300.000 pour la section espagnole et 50.000 pour la section tangéroise, le solde déficitaire de ce compte serait couvert au moyen du fonds de roulement afférent à la section ou d'avances faites par la Compagnie.

S'il advenait que, pour telle ou telle des trois sections, le solde déficitaire du compte d'attente atteignît la limite y afférente ci-dessus stipulée, le compte d'attente serait clos et le surplus des insuffisances serait supporté, à titre définitif, pour un quart (25 %) par la Compagnie et pour les trois autres quarts (75 %) par l'Autorité zonière.

Lorsque les recettes afférentes à telle ou telle des trois sections y excéderont les dépenses d'exploitation, l'excédent sera affecté, avant tout autre usage, à couvrir les avances portées au compte d'attente, et ensuite à constituer, par un prélévement de cinq cents francs (500 frs) au plus par kilomètre, la part afférente à la section d'un fonds de réserve de l'Exploitation. Ce fonds de réserve sera limité, pour l'ensemble de la ligne, à un maximum de trois millions de francs (3.000.000 frs), les maxima partiels étant fixés, savoir :

pour la section française, à un million neuf cent cinquante mille francs (1.950.000 frs) ;

pour la section espagnole, à neuf cent mille francs (900.000 frs);

et pour la section tangéroise, à cent cinquante mille francs (150.000 frs);

Sur ce fonds de réserve seront imputés, sur chaque zone, après approbation de l'Autorité zonière intéressée, les frais de réfection ou grosses réparations de la voie et des ouvrages, les indemnités à payer à la suite d'accidents graves, et, généralement, toutes dépenses d'exploitation auxquelles aurait été reconnu un caractère exceptionnel.

Lorsque, pour telle ou telle des trois sections, le compte d'attente sera soldé et le prélèvement annuel pour le fonds de réserve opéré, les excédents des recettes sur les dépenses seront partagés dans la proportion d'un quart (25 %) pour la Compagnie et trois quarts (75 %) pour l'Autorité zonière.

En cas de rachat, si le compte d'attente présentait un solde déficitaire, ce solde serait remboursé à la Compagnie par l'Autorité zonière effectuant le rachat. En fin de concession ou en cas de déchéance, si ce compte présentait un solde déficitaire, ce solde resterait à la charge de la Compagnie.

La Compagnie remettra à chacune des trois Autorités zonières, en cours du premier trimestre de chaque année, le décompte détaillé des sommes dues, pour l'année précédente, par elle à cette Autorité ou par cette Autorité à elle. Lesdites sommes viendront en augmentation ou en diminution des subventions dues par l'Autorité zonière à la Compagnie pour l'année courante en vertu de l'article 24 ci-dessus, et seront payées par acomptes ou réglées définitivement dans les mêmes conditions que les susdites subventions.

Lorsque la part de bénéfice revenant à une Autorité zonière excédera sa subvention, l'excédent sera versé par la Compagnie à cette Autorité dans le délai de trois mois à compter de la présentation du susdit décompte, faute de quoi elles porteront, après l'expiration dudit délai, intérêt, au profit de ladite Autorité, au taux de cinq pour cent (5 %) l'an.

Art. 28.

Tant que l'on se trouvera dans le cas prévu au dernier paragraphe de l'article 2 du Protocole susvisé du 27 Novembre 1912, les Gouvernements français et espagnol se substitueront — dans la proportion de 60 % pour l'un et de 40 % pour l'autre — aux droits et obligations qui, autrement, découleraient pour l'Autorité tangéroise qualifiée à cet effet des articles 24 et 27 ci-dessus.

Il en serait de même dans tous les cas où ladite Autorité tangéroise, une fois constituée, serait en retard de plus de deux années pour le versement des sommes par elle dues en vertu de la présente Convention.

Art. 29.

Les actions et obligations seront réalisées, le service des titres, dividendes, intérêts, etc., effectué et tous décomptes établis en francs, pesetas-or ou cinquièmes de réal hassani-or.

Les tarifs seront édictés en francs, pesetas-or ou cinquièmes de réal hassani-or, mais la Compagnie sera tenue d'accepter des usagers du chemin de fer le paiement en monnaie ayant cours dans le pays, aux prix qui seront fixés au début de chaque quinzaine et affichés dans les gares. Ces prix seront établis d'après les cours des monnaies à la Banque d'État du Maroc à Tanger. Les pertes ou gains éventuels au change seront portés, suivant le cas, au débit ou au crédit du compte d'Exploitation.

Art. 30.

Au cas où la Compagnie concessionnaire, soit pendant la période de construction, soit après l'ouverture à l'exploitation, ne satisferait pas à l'une des obligations essentielles de son contrat, elle serait mise en demeure de prendre dans un délai déterminé, qui serait fixé, suivant le cas, par le Gouvernement français ou le Gouvernement espagnol, telles mesures que de droit. À défaut par elle de déférer à cette mise en demeure, elle serait déclarée déchue.

La mise en demeure pourra être notifiée et la déchéance prononcée par chacun des Gouvernements français et espagnol pour la section de ligne située sur son territoire, sous réserve d'en donner avis à l'autre.

Si la déchéance était prononcée à la fois pour la section française et pour la section espagnole, elle le serait *ipso facto* et de plein droit pour la section tangéroise.

Les conséquences qu'aurait, dans chaque cas, la déchéance pour la Compagnie sont fixées à l'article 38 du Cahier des charges annexé à la présente Convention.

Art. 31.

Chacun des deux Gouvernements français et espagnol se réserve le droit de procéder, le 1ᵉʳ Janvier de l'une quelconque des années qui suivront la mise en exploitation de la ligne entière, au rachat de la section de ladite ligne située sur son territoire, le prix du rachat étant calculé sur les bases fixées à l'article 37 du Cahier des charges annexé à la présente Convention.

Il devra, dans ce cas, prévenir trois mois à l'avance de ses intentions tant l'autre Gouvernement que l'Autorité tangéroise, de façon que puissent être arrêtées de concert les mesures intéressant à la fois les exploitations, ainsi devenues distinctes, des sections rachetées et non rachetées de la ligne.

Celui des deux Gouvernements qui aura usé de son droit de rachat devra exploiter lui-même en régie la section rachetée ou n'en rétrocéder la concession qu'à une Société de sa nationalité.

Au cas où, par suite de rachat ou de déchéance soit de la section française, soit de la section espagnole, soit de ces deux sections à la fois, lesdites sections se trouveraient régies par des Administrations différentes, et à défaut d'accord entre ces Administrations pour assurer, au mieux de leurs intérêts respectifs, par des mesures de leur choix, ces exploitations devenues distinctes, l'exploitant français conserverait le droit de faire circuler ses trains sur la section espagnole, à la double condition :

1° de n'y prendre et n'y laisser aucun trafic ;

2° de payer à l'exploitant espagnol un péage fixé aux deux tiers des tarifs perçus sur sa section.

Au cas où, par suite des mêmes circonstances que ci-dessus, la section tangéroise viendrait à être exploitée par une Administration autre que celle soit de la section française, soit de la section espagnole, soit de ces deux sections à la fois, et à défaut d'accord entre ces Administrations pour assurer, au mieux de leurs intérêts respectifs, par des mesures de leur choix, ces exploitations devenues distinctes, les trains français dans le premier cas, les trains espagnols dans le second, les uns et les autres dans le dernier, auraient le droit de circuler dans la zone tangéroise, en y prenant et y laissant du trafic et en utilisant notamment les gares maritime et terrestre et les voies de quai de Tanger, à la double condition de payer à l'exploitant de ladite zone :

1° un péage fixé aux deux tiers des tarifs qui y seront perçus ;

2° une part des dépenses d'exploitation afférentes aux gares maritime et terrestre et aux voies de quai de Tanger calculée, pour chaque année, d'après la proportion qu'aura représentée le parcours kilométrique de ses trains par rapport à celui de la totalité des trains ayant circulé dans la zone.

Enfin, les trains français et espagnols conserveront, à l'expiration de la concession, le droit d'utiliser, dans les conditions susdéfinies, les gares maritime et terrestre et les voies de quai de Tanger.

ART. 32.

La présente Convention et le Cahier des charges y annexé seront exemptés en Espagne de l'impôt des droits royaux et de transmission de biens ; ils seront enregistrés en France moyennant le droit fixe d'un franc (1 fr.).

Il en sera de même de l'acte de substitution

de la Compagnie franco-espagnole du chemin de fer de **Tanger** à Fez aux Sociétés visées à l'article 1er ci-dessus.

Fait en quintuple expédition, le   1914.

Le Commissaire Résident général de la République française dans la zone d'influence française du Maroc,

Le Commissaire Résident général de S. M. le Roi d'Espagne dans la zone d'influence espagnole du Maroc,

Le Grand Vizir de S. M. le Sultan du Maroc,

Le Président du Conseil d'Administration de la Compagnie générale du Maroc,

Le délégué de la Commission des Associés fondateurs de la Compagnie générale espagnole d'Afrique,

3063. — PARIS. — IMP. HEMMERLÉ ET Cᵢᵉ (2-14)